L'IMPÉRATRICE

DU

MEXIQUE

A PARIS

Par Em. C. L.

1866

Chambéry. — Imprimerie A. Pouchet et Compagnie.

L'IMPÉRATRICE DU MEXIQUE

A PARIS

Une femme, une reine a quitté son époux, ses sujets...
Elle a subi les angoisses et les douleurs de la séparation, elle a affronté les dangers d'une longue traversée,
elle a bravé, sur les plages les plus malsaines du Mexique, les atteintes de cette terrible maladie dont nos climats ne connaissent pas les ravages, la fièvre jaune.

Elle a abordé sur la terre de France : elle vient y demander aide pour son époux, secours pour son peuple...
Si cette princesse nous était inconnue, la France, qui
admire tous les courages, qui a de la sympathie pour
tous les nobles caractères, la France, dans les veines de
laquelle coule encore le sang aventureux des nations
qui la formèrent, donnerait au prince et au peuple la
protection dont ils ont besoin. Elle ne connaît pas cette
politique égoïste qui ferme l'oreille et le cœur aux cris
de ceux qui souffrent; elle ne pratique pas cette politique imprévoyante qui croit l'avenir à jamais assuré parce
que la tranquillité règne entre les frontières, le monde
fût-il troublé dans ses fondements. Elle a le regard plus
profond et le cœur plus haut placé. Elle sait qu'il n'est
point de frontières pour les principes, et que le triomphe
de ses idées, lui coûtât-il un peu d'or et de sang, est la
base la plus sûre de son influence extérieure et de son

repos intérieur. Aussi ne peut-elle se désintéresser des événements qui agitent les peuples. Elle est trop grande pour qu'ils ne touchent pas à quelqu'un de ses intérêts ; et, l'heure venue, elle fait entendre aux plus fiers les conseils de sa modération, ou jette dans le plateau de la balance son épée chevaleresque et toujours victorieuse.

Mais si cette souveraine, si son époux ont été appelés par la France elle-même à prendre entre leurs mains les destinées de ce peuple, à l'arracher aux luttes fratricides dont les sanglantes péripéties menaçaient de l'anéantir, à le sauver de la tyrannie révolutionnaire, de ses hontes et de ses déchirements, à le sauver aussi de ce dernier malheur, couronnement inévitable des autres, l'oppression qu'une race étrangère par le sang, par les intérêts, par les traditions et par la foi s'apprêtait à faire peser sur lui ; si ces souverains ont été appelés par la France pour rendre l'ordre, la dignité, l'indépendance à un grand empire abattu ; si à cette tâche ils ont sacrifié leur repos, leur santé, leur famille et leur patrie ; s'ils ont accepté cette charge de relever un peuple avec la conscience des grands devoirs qui leur incombaient ; s'ils l'ont remplie avec une force, un courage, une abnégation qui ont triomphé de tous les obstacles ; quand ils viennent demander qu'à la dernière heure, à la veille de la victoire suprême, la France ne les abandonne pas, leur voix n'a-t-elle pas le droit d'être entendue ? Et ne pouvons-nous pas dire que ce n'est pas seulement un sentiment de générosité chevaleresque qui oblige la France à venir en aide à ces princes et à ce peuple, mais aussi le sentiment des devoirs qu'elle s'est imposés et des obligations qu'elle a contractées ?

Enfin, si tous les intérêts de la France, ses intérêts matériels et ces intérêts d'ordre supérieur qui peuvent bien compter dans les résolutions des gouvernements puisqu'ils pèsent sur la destinée des peuples, demandent que notre pays consolide son œuvre, qu'une grande puissance catholique et monarchique nous soit unie sur les rivages lointains de l'Amérique par les liens d'une origine commune et par ceux de la reconnaissance, la voix de l'illustre ambassadrice sera bien puissante. Et tous ceux qui ont à cœur la dignité et l'influence de notre patrie devront se réjouir quand elle sera entendue et quand l'impératrice Charlotte portera à ses peuples l'assurance qu'ils ne sont pas abandonnés et que l'œuvre utile et généreuse de la régénération du Mexique n'est ni oubliée, ni désavouée de la France.

Nous voudrions montrer à tous combien est grand et sérieux l'intérêt de notre pays dans cette question. Nous l'essayons, parce que c'est sur ce terrain que la discussion a été portée avec le plus de violence, soit au Corps législatif, soit dans la presse, par ceux qu'irrite cette pensée qu'un grand pouvoir monarchique s'élève en face de la démocratie américaine, et qu'un peuple de religion catholique et de race latine sera une invincible barrière aux empiétements des Etats-Unis, de race saxonne et protestante.

On sait quelle a été, depuis sa séparation de l'Espagne (1821), la triste destinée de ce magnifique pays du Mexique. Après un essai éphémère de monarchie sous le sceptre de l'un de ses plus vaillants généraux, Iturbide, le Mexique adopta, contre toutes ses traditions, contre tous ses intérêts, la constitution républicaine. De ce jour, son histoire n'est qu'une longue suite de révolutions militaires. Des généraux, improvisés de la veille, s'arrachent le titre de président de la République et règnent par la terreur sur les populations épouvantées, jusqu'au jour où il plaît à un de leurs lieutenants d'entrer avec ses bandes dans la capitale et de jouer à son tour au souverain... Son triomphe n'est jamais long, et, partant pour l'exil, il cède bientôt le pouvoir à un compétiteur éphémère. On se bat à Mexico, on se bat dans les provinces. Les bandes de brigands se couvrent des noms des partis politiques, arrêtent les voyageurs sur les routes et pénètrent, pour les piller, jusque dans les villes. Plus d'agriculture, d'industrie, de commerce. Les Indiens de la frontière massacrent les habitants des villages et dévastent les campagnes. Les États-Unis, tantôt intervenant dans les troubles civils pour les irriter encore, tantôt se plaignant hypocritement du dommage qu'ils en ressentent, démembrent la République et viennent camper dans les rues de Mexico. La dette de l'État grandit toujours, et les citoyens ruinés n'ont plus rien à donner pour combler les vides du trésor. Les puissances étrangères, dont les sujets sont dépouillés, écrasés d'impôts et d'emprunts forcés, font entendre des réclamations : on n'y répond pas ; elles menacent... L'Espagne, l'Angleterre, la France ont vu violer de la manière la plus odieuse les traités qu'elles avaient signés. Leurs représentants ont été attaqués, insultés : l'ambassadeur d'Espagne a été expulsé. Un général a soustrait, les armes à la main, un dépôt d'argent anglais. Des Européens ont été massacrés partout. Voilà ce qui s'accomplit dans la République mexicaine, sous les yeux du gouvernement, le plus souvent par ses ordres. Voilà la situation au jour où la France prend la résolution d'agir.

Que devait-elle faire alors et que doit-elle encore faire aujourd'hui? Devait-elle s'arrêter au bombardement de quelques places, à l'occupation de quelques villes du littoral, ou travailler à la régénération du Mexique? Doit-elle aujourd'hui encore laisser au gré du hasard, à la volonté d'autres peuples, son œuvre se consolider ou périr? Doit-elle au contraire veiller à la conservation de l'Empire mexicain, au salut de ce peuple nouveau, comme à l'un de ses plus beaux titres de gloire, comme à l'une des plus sérieuses garanties de sa puissance?

Il est évident que la même réponse doit être faite à ces deux séries de questions, à celles qui se rapportent aux débuts de l'expédition et à la pensée qui devait à ce moment guider la France, — à celles qui touchent au voyage de la jeune souveraine du Mexique et à la solution définitive de la question mexicaine. L'intérêt de la France est aujourd'hui aussi puissant qu'il l'était hier; disons plus, il a grandi avec le rôle de notre pays dans ces lointains événements.

Le gouvernement français pouvait-il se contenter de bombarder quelques places? Non! ce n'aurait pas été une solution... Est-ce qu'en 1838 la France — pour ne parler que d'elle — n'a pas été obligée de bloquer le port de Vera-Cruz? Est-ce qu'elle n'a pas bombardé et réduit la citadelle de Saint-Jean-d'Ulloa? Est-ce qu'en 1859 il n'a pas fallu encore recourir aux armes? Et en 1861, en présence des traités déchirés de nouveau, on aurait dû employer les mêmes moyens? Mais leur impuissance est démontrée par cette obligation où la France et l'Europe se sont trouvées d'y recourir si souvent. Comment traiter sérieusement avec un État dont le chef sera renversé au premier jour par un adversaire qui mettra tous ses soins et trouvera sa popularité à défaire l'œuvre que son prédécesseur aura commencée?

Pouvait-on, comme on l'a proposé, s'emparer de quelques ports commerçants, y percevoir le produit des douanes et satisfaire à la fois le drapeau français outragé et les intérêts matériels de nos compatriotes dépouillés? Non! à moins de vouer à une mort certaine les soldats de notre corps d'occupation en les forçant de rester sur des côtes brûlantes et humides où règne la fièvre jaune... Et puis, de nouvelles exactions, de nouvelles insultes auraient nécessité une occupation indéfinie ou une expédition plus sérieuse.

Tous ces plans étaient impraticables et insuffisants. Il fallait à la France et à la civilisation quelque chose de plus, une régénération du Mexique : tel fut le but de notre expédition. Aujourd'hui encore, l'intérêt français est intimement lié à l'exécution complète, durable, assurée de cette grande œuvre de notre politique. Il ne faut pas que le Mexique retombe à l'état désespéré auquel l'ont arraché les armes de la France : nos intérêts du moment, ceux de l'avenir, notre honneur, y sont également intéressés.

Commençons par les faits qui frappent les moins clairvoyants.

Le Mexique est une des terres les plus riches du monde. Ses productions sont variées, infinies. On y trouve réunis les produits de nos climats tempérés et ceux qui naissent à la brûlante chaleur du soleil des tropiques, la vigne, l'olivier, le blé, la canne à sucre... Au jour où la guerre n'y dévastera plus les campagnes, il offrira le sol le plus favorable à la culture du coton; et si l'on en juge par le rapport des plantations qui existent déjà, il aurait pu sauver l'industrie européenne de la terrible crise qu'elle a traversée pendant la lutte des États-Unis.

N'est-ce pas l'intérêt de la France qu'un pays qui a tant à nous offrir, mais qui, sous tant de rapports aussi, fait appel à notre commerce, à notre industrie, lui assure des relations sérieuses et loyales? N'est-ce pas l'intérêt de la France que ses nationaux puissent s'établir dans ce pays dont la plus grande partie leur offre une acclimatation facile et dont la population clair-semée attend de nos contrées européennes des hommes pour cultiver les terres, pour assainir les côtes, pour ouvrir des routes, pour utiliser le sol et ses innombrables productions?

Et si l'on songe qu'un jour peut-être, c'est par le Mexique, par l'isthme de Tehuantepec, que sera percé le continent américain, que s'établiront les relations entre l'Europe et la partie occidentale des deux Amériques, ne conçoit-on pas combien l'intérêt français devient plus grand encore? Les États-Unis ont depuis longtemps pensé à cet avenir du Mexique; et c'est le secret de la convoitise qui les pousse à s'annexer chaque année quelque lambeau de ce malheureux pays.

Nous pourrions presque nous arrêter là; il serait assez prouvé que la France doit persévérer dans la voie que lui ont ouverte les dénis de justice et les insultes des gouvernements mexicains.

Mais l'intérêt de notre patrie, si grand au début de l'entreprise, s'est considérablement accru par les suites mêmes de notre expédition. D'abord, cette expédition a coûté à l'État des sommes immenses : on parlait de cent millions quand les Français n'étaient pas encore entrés à Mexico. Puis le gouvernement de l'empereur Maximilien a contracté un emprunt. La France lui a accordé sa garantie morale : elle soutenait le Mexique de ses armes, de son argent, de son influence; elle combattait et négociait pour lui. Quand l'emprunt s'ouvrit chez tous les receveurs généraux de nos départements et à Paris, dans un grand établissement financier du gouvernement, au Comptoir d'escompte, personne ne douta que le gouvernement français n'en garantit le paiement. Il fut souscrit en France. Eh bien, nous le demandons, est-ce que la France peut répudier cette garantie qu'elle n'a pas repoussée quand on la lui attribua? Est-ce qu'elle peut abandonner l'intérêt de ses nationaux dont la fortune est liée à la destinée de l'empire mexicain ? Car le seul moyen d'être remboursé du Mexique est, pour nous, le maintien du gouvernement actif et loyal qui saura utiliser les merveilleuses ressources de ce pays, ses productions, ses cultures, ses mines dont il est sorti vingt milliards et qui n'ont livré qu'une partie infime des richesses enfouies dans leurs profondeurs.

Voilà les intérêts immédiats de la France dans la question mexicaine et l'impossibilité pour notre pays de se désintéresser de sa solution définitive.

Il nous reste à faire appel à un intérêt bien plus grand encore pour la France, car il touche à son avenir, à son maintien à la place glorieuse que lui ont assignée des siècles de prépondérance.

Trois races principales se partagent aujourd'hui l'Europe : la race latine qui est représentée par les Français, les Espagnols, les Portugais, les Italiens et les Belges ; la race saxonne ou germanique qui comprend les peuples d'Allemagne et d'Angleterre ; la race slave qui peuple la Russie, la Pologne, les parties de la Prusse et de l'Autriche qui ne sont pas allemandes, qui a enfin des ramifications jusqu'en Turquie. La race latine a dominé l'Europe avec l'empire romain. Pendant le moyen âge et dans les temps modernes, elle a glorieusement, par les armes de la France et de l'Espagne, par leur littérature, par leur civilisation, par leur puissance et l'éclat qui rayonnait autour de leurs noms, soutenu la gloire dont elle avait reçu le merveilleux héritage. Elle a sauvé l'Europe des Normands, elle l'a sauvée des Musulmans. La race germanique est venue plus tard ; elle a commencé à jouer un rôle aux premiers siècles de l'ère chrétienne ; c'est elle qui a accompli la grande invasion. Civilisée par le contact des peuples latins qu'elle avait vaincus, elle a fondé de grands empires ; et aujourd'hui nous la retrouvons avec les caractères des Germains d'autrefois : la force d'expansion qui étend les bornes de sa puissance sur des mondes nouveaux, la persévérance qui l'implante à jamais sur le sol qu'elle a une fois conquis. Derrière cette race, et plus jeune dans l'histoire des peuples, apparaît la grande famille slave : elle s'étend sur des espaces immenses et croit cependant que son jour ne fait que venir, et que le monde n'a vu que le commencement de ses destinées.

Chacune de ces trois races est profondément distincte des autres. Venues à des époques éloignées sur la terre européenne qu'elles peuplent presque seules aujourd'hui, elles diffèrent au point de vue physiologique aussi bien qu'au point de vue moral. Elles n'ont ni même religion, ni même langue, ni mêmes instincts, ni mêmes intérêts. Elles peuvent être en paix ; mais la race latine veut garder le rang qu'elle a conquis dans le passé, la race saxonne le lui dispute dans les deux mondes, et les Slaves rêvent l'union de toutes leurs forces pour écraser leurs rivaux sous l'étreinte d'une gigantesque puissance.

La France marche à la tête des nations latines. Catholique comme elles, monarchique comme elles, ayant les mêmes intérêts religieux, politiques, matériels que les autres peuples latins, elle se sent aujourd'hui, comme à toutes les époques de son histoire, intimement unie à leur destinée. Jamais un intérêt vraiment sérieux, vraiment supérieur, ayant de ces causes profondes qui ébranlent les peuples à leur insu et les lancent dans des voies qu'ils n'ont pas tracées eux-mêmes, ne lui impose une guerre contre ces alliés naturels. Entre eux et elle, il n'est point de rivalité. La grandeur des uns fut toujours la grandeur des autres. Les nations latines ont toujours combattu dans les mêmes luttes et sous des drapeaux amis ; et si un jour, au xvie et au xviie siècle, leur alliance fut profondément troublée, il fallut pour cela l'introduction en France d'une religion née au sein de la race germanique et l'union contre nature de l'Espagne et de l'Allemagne entre les mains du même souverain. Nos rois comprirent cette connexité d'intérêts, de grandeur, d'existence même, fondée sur une communauté d'origine, et l'on peut suivre aisément à travers nos annales cette intelligence, qui ne leur fit jamais défaut, des destinées de notre patrie.

Aujourd'hui, il s'agit de sauver de l'anarchie l'empire du Mexique, de l'arracher à l'intervention des États-

Unis, c'est-à-dire d'une puissance de race saxonne. Cette intervention serait une conquête : ce serait pour aujourd'hui l'asservissement de la race latine du Mexique, pour l'avenir son absorption complète par la race qui règne maintenant sans contre-poids sur l'immense république des Etats-Unis.

Mais c'est peut-être ici le lieu de montrer que l'abandon du Mexique par la France et son retour à sa situation passée le conduiraient à l'asservissement. Or, les faits parlent d'eux-mêmes; les Etats-Unis se sont pensés assez certains du triomphe pour n'avoir à garder aucun ménagement, et ils ont révélé leur but avec un cynisme qui a tourné contre la réalisation de leurs projets. Ils s'emparèrent du Texas : « Ce n'est rien moins que le vol d'un Etat, » s'écriait Channing en 1837. Puis, l'audace grandit avec le succès et la spoliation s'étendit à la Californie et au Nouveau-Mexique, des territoires immenses, peu peuplés, mais d'un grand avenir, et qui établissaient fortement la république unie sur les rivages de l'Océan pacifique. Au congrès de Washington, se montre chaque jour et sans hypocrisie la pensée du peuple américain ; on y propose de s'emparer des provinces mexicaines à titre de gage, d'établir des postes militaires le long de la frontière. On sait avec quelle fureur y fut accueillie la nouvelle de l'intervention française et à quelles insolentes réclamations notre gouvernement s'est vu obligé de répondre. Aujourd'hui, enfin, qui entretient les derniers troubles du Mexique? Qui soutient encore Juarez? Le gouvernement des Etats-Unis, parce que Juarez est sa créature, et que s'il triomphe, le Mexique est perdu pour la race latine: cet Indien a vendu son pays pour le gouverner; la convention Mac-Lane qu'il a signée en 1859 serait, si elle était exécutée, la fin de la nation mexicaine. En un mot, les États-Unis ont pris plus de la moitié du territoire du Mexique; les laisserons-nous s'emparer du reste?

Non! nous demandons que la France continue cette politique qui est toute son histoire et qui a attaché à son nom une splendeur incomparable. Placée à la tête des nations latines, elle ne peut en laisser déchoir une, sans être profondément atteinte dans sa force, dans son influence extérieure; elle ne peut en laisser disparaître une, sans perdre une alliée naturelle; elle ne le peut aujourd'hui que l'Espagne et l'Italie, plongées dans les discordes civiles, n'ont rien à donner à la prépondérance de la race dont elles sont issues; aujourd'hui que des nations saxonnes, l'Angleterre et la Prusse, arrivent à une formidable puissance; aujourd'hui que la Russie grandit et se recueille; elle ne le peut en faveur des États-Unis, que leur origine rattache à la race saxonne et qui accepteraient un partage du monde avec l'empire des Czars...

Eh bien! le Mexique est une nation latine : le sang espagnol y domine. Il représente dans l'Amérique du Nord le groupe des peuples alliés de la France. Les liens qui l'attachent à notre race sont d'autant plus forts qu'il se sent menacé par la race ennemie des États-Unis... La France l'a secouru : l'abandonnera-t-elle ? Non ! nous prouverons que les nations latines sont encore fortes et vivantes, que l'avenir n'est pas tout entier aux peuples du Nord ! Nous continuerons la politique de Charles VIII et de Louis XII qui s'acharnèrent à chasser les Allemands de l'Italie; la politique de François I⁰ʳ, de Henri IV, de Louis XIII et de Richelieu qui s'efforcèrent de rompre l'union fortuite, terrible pour la France, de l'Espagne et de l'empire d'Allemagne sous la puissance du même souverain ; la politique de Louis XIV, dont le petit-fils vint régner à Madrid ; la politique de Louis XV, qui établit des princes français sur les trônes vacants d'Italie et qui signa le pacte de famille ; la politique de Napoléon Ier qui réunit dans une alliance étroite tous les peuples latins ; la politique de la Restauration qui rétablit l'ordre en Espagne, du gouvernement de Juillet qui s'efforça d'atteindre le même but, du second Empire qui a expulsé les Allemands d'Italie et qui a signalé lui-même, aux débuts de l'expédition du Mexique, le grand intérêt français dont nous venons de résumer toute la puissance.

Qui donc en France ne veut pas cela? Qui! Ces hommes qu'épouvante l'idée d'une nation catholique et monarchique sortant de son tombeau et apportant à l'influence catholique et aux principes conservateurs le secours de ses forces renaissantes... Les hommes de la révolution toujours prêts à sacrifier l'avenir de la France au bon plaisir de l'étranger, à livrer aujourd'hui le Mexique aux États-Unis parce qu'ils sont protestants, et à Juarez parce qu'il est révolutionnaire. Peu leur importent l'extension des relations commerciales de la France, le remboursement des millions qu'elle a dépensés pour sauver le Mexique, le sang de ses soldats versé sur les champs de bataille, son maintien au rang glorieux qu'elle a conquis dans le monde, son influence et son honneur, la régénération d'un peuple..... Que vaut tout cela en comparaison d'un triomphe de la révolution ?

Nous ne savons quelle mission a été confiée à l'énergie et aux talents de l'impératrice Charlotte. Ce que nous savons, c'est qu'elle est venue confiante dans l'avenir du beau pays qui l'a acclamée comme sa souveraine, et que bientôt elle ira retrouver son époux et son peuple pour partager leur fortune. Elle ne saurait venir demander un sacrifice onéreux à notre pays puisqu'aujourd'hui l'insurrection de Juarez est vaincue partout, qu'elle agite à peine quelques provinces de la frontière, qu'elle peut sans doute entretenir des troubles partiels, mais est profondément impuissante à mettre en danger le gouvernement mexicain. Que l'empereur Maximilien ait encore pendant quelques mois besoin de l'appui militaire de la France pour consolider son pouvoir et écraser les derniers restes des bandes insurgées, ou que le voyage de la jeune souveraine ait seulement pour but le règlement de questions financières et diplomatiques, nous pouvons dire maintenant — la preuve en est faite — que la France ne peut pas abandonner l'œuvre de régénération qu'elle a si noblement commencée, et que, de près ou de loin, elle doit veiller à l'avenir de cette puissance nouvelle que tant de liens rattachent à sa destinée. Les résolutions du gouvernement français qui assureront la durée de la monarchie mexicaine seront favorablement accueillies par le pays tout entier, parce qu'il s'est ému à la pensée de cette noble et belle souveraine bravant tous les dangers pour la gloire du prince qui l'a choisie et le salut du pays qui l'a adoptée ; parce qu'il ne saurait comprendre qu'un tel dévouement restât inutile sur notre terre chevaleresque, qu'une nation qui veut vivre ne triomphât pas quand sa destinée est entre les mains de la France, et enfin, parce qu'aujourd'hui comme toujours, la cause de la France est aussi la cause de la justice et de la civilisation !

30 Août 1866.